Une vocation contrariée

Pièces de théâtre du même auteur

À cœurs ouverts, Alban et Ève, Amour propre et argent sale, Apéro tragique à Beaucon-les-deux-Châteaux, Appellations D'origines Non contrôlées, Après nous le déluge, Attention fragile, Avis de passage, Bed & Breakfast, Bienvenue à bord, Le Bistrot du Hasard, Le Bocal, Brèves de confinement, Brèves de Brèves de square, Brèves de trottoirs, Brèves du temps perdu, Brèves du temps qui passe, Bureaux et dépendances, Café des sports, Cartes sur table, Comme un poisson dans l'air, Le Comptoir, Les Copains d'avant... et leurs copines, Le Coucou, Comme un téléfilm de Noël en pire, Coup de foudre à Casteljarnac, Crash Zone, Crise et châtiment, De toutes les couleurs, Déjà vu, Des beaux-parents presque parfaits, Des valises sous les yeux, Dessous de table, Diagnostic réservé, Drôles d'histoires, Du pastaga dans le champagne, Échecs aux Rois, Elle et lui, monologue interactif, Embouteillage boulevard des Allongés, Erreur des pompes funèbres en votre faveur, Euro Star, Fake news de comptoir, Flagrant délire, Gay Friendly, Le Gendre idéal, Happy Dogs, Happy Hour, Héritages à tous les étages, Hors-jeux interdits, Il était un petit navire, Il était une fois dans le web, Juste un instant avant la fin du monde, La Corde, La Fenêtre d'en face, Les Flamants bleus, La Maison de nos rêves, Le Contrat, Le Joker, Mélimélodrames, Ménage à trois, Même pas mort, Minute papillon, Miracle au couvent de Sainte Marie-Jeanne, Mortelle Saint-Sylvestre, Morts de rire, Les Naufragés du Costa Mucho, Nos pires amis, Photo de famille, Piège à cons, Pile ou face, Le Pire Village de France, Le Plus beau village de France, Plagiat, Pour de vrai et pour de rire, Préhistoires grotesques, Préliminaires, Primeurs, Quarantaine, Quatre étoiles, Les Rebelles, Rencontre sur un quai de gare, Repentir, La Représentation n'est pas annulée, Réveillon à la morgue, Réveillon au poste, Revers de décors, Roulette russe au Kremlin, Sans fleur ni couronne, Sens interdit – sans interdit, Spécial dédicace, Strip Poker, Sur un plateau, Les Touristes, Tout est bien qui finit mal, Trop c'est trop, Trous de mémoire, Tueurs à gags, Un boulevard sans issue, Un bref instant d'éternité, Un cercueil pour deux, Un enterrement de vies de mariés, Un os dans les dahlias, Un mariage sur deux, Un petit meurtre sans conséquence, Un petit pas pour une femme, un pas de géant pour l'Humanité, Une soirée d'enfer, Vendredi 13, Y a-t-il un auteur dans la salle ? Y a-t-il un critique dans la salle ?, Y a-t-il un pilote dans la salle ?

JEAN-PIERRE MARTINEZ

Une vocation contrariée

La Comédiathèque
comediatheque.net

Personnages

Ariel

Le Directeur

© La Comédiathèque

ISBN 978-2-38602-324-8

Tableau 1

Le bureau directorial de l'Académie des Beaux-Arts de Vienne, en Autriche. Valse viennoise en musique d'ambiance. Ariel Tannenbaum entre. C'est une jeune femme habillée de façon plutôt masculine et coiffée d'un bonnet, cachant une chevelure rousse. Elle porte un carton à dessin sous le bras. Visiblement impressionnée, elle examine les lieux. La pièce est meublée à l'ancienne, mais un ordinateur trône sur le bureau. Contre le mur du fond est accroché un tableau d'Egon Schiele. Sur l'un des côtés est disposé un miroir ne reflétant pas la salle. Ariel admire le tableau de Schiele. La musique s'arrête progressivement. Le téléphone portable d'Ariel sonne et elle répond.

Ariel *(agacée)* – Oui, maman... Non, je n'ai pas oublié mon entretien d'aujourd'hui. Je ne risquais pas de l'oublier, je n'en ai pas dormi de la nuit... Et tu m'as déjà téléphoné vingt fois pour me le rappeler... Mais oui, je serai là pour shabbat, comme d'habitude... Écoute, je ne vais pas pouvoir te parler, je suis dans le bureau du directeur justement, et il va arriver d'une minute à l'autre... Oui, je sais, Hitler a échoué deux fois à l'examen d'entrée à l'Académie des Beaux-Arts de Vienne. Ça aussi, tu me l'as déjà dit vingt fois... C'est promis, j'essaierai d'être admise du premier coup... Et si je ne le suis pas, je te promets de ne pas envahir la Pologne. Maintenant, il faut que je raccroche... C'est ça, je te rappelle en sortant... Moi aussi, je t'aime...

Elle range son téléphone. La musique reprend. Elle commence à faire les cent pas. Elle se regarde dans le miroir et se refait une beauté. Elle s'assied. Elle patiente un instant, regarde sa montre, et finit par sortir une feuille blanche de son carton à dessin. Elle se regarde dans le miroir et dessine un autoportrait. Elle range le dessin dans son carton. Elle finit par s'assoupir sur sa chaise. La musique s'arrête.

Noir.

Tableau 2

Lumière.

Le décor n'a pas changé, mais l'ordinateur a disparu et le tableau d'Egon Schiele a été remplacé par un portrait de l'empereur François-Joseph. Ariel se réveille. Elle remarque que le tableau a changé. Elle est évidemment étonnée, mais elle n'a guère le temps de reprendre ses esprits car Christian Griepenkerl arrive. C'est un homme d'une soixantaine d'années vêtu avec une élégance typique du début du 20ème siècle. Il porte un costume trois-pièces et un manteau. Il a un chapeau melon sur la tête et une canne à la main.

Directeur – Désolé de vous avoir fait attendre. Mon fiacre a perdu une roue, et j'ai dû finir la route à pied.

Ariel se lève de sa chaise.

Ariel – Bonjour Monsieur...

Directeur – La circulation devient de plus en plus dangereuse dans les rues de Vienne. Surtout depuis l'apparition de ces nouvelles automobiles. Les voitures à cheval avaient déjà du mal à cohabiter avec les tramways électriques... Je ne comprendrai jamais ce besoin qu'ont les gens de vouloir toujours tout changer... Ce n'est pas votre avis ?

Ariel – Je ne sais pas...

Occupé à ôter son manteau et son chapeau, qu'il suspend à un porte-manteau, le Directeur jette à peine un regard sur elle.

Directeur – Et vous êtes...?

Ariel – Ariel. Ariel Tannenbaum.

Le Directeur s'assied derrière son bureau et jette un regard à une feuille posée devant lui.

Directeur – Tiens, ce n'est pas le nom que j'avais sur ma liste... Ariel... *(Il jette enfin un regard vers elle)* Mais... vous êtes une femme ?

Ariel – Euh... Oui, et alors ?

Directeur – Alors ? Mais Mademoiselle... les femmes ne sont pas admises à concourir pour l'entrée à l'Académie des Beaux-Arts de Vienne !

Ariel – C'est une blague...?

Directeur – Ariel... Comme vous avez un prénom un peu... ambigu. Ma secrétaire n'a pas dû faire attention.

Ariel – Ambigu...? Oui, désolée, c'est un prénom juif.

Directeur – Ah parce qu'en plus, vous êtes juive ?

Ariel – Ne me dites pas que les juifs non plus ne sont pas autorisés à concourir pour entrer à l'Académie.

Directeur – Quoi qu'il en soit, les femmes ne le sont pas, je vous le répète. Et vous devriez le savoir... Cela nous aurait évité à tous les deux une perte de temps inutile...

Ariel – Enfin, c'est absurde... Alors les femmes ne pourraient pas devenir artistes peintres ? Non mais ce n'est pas vrai ! *(Ironique)* On est en quelle année, là ?

Directeur – Nous sommes en 1907, Mademoiselle... Vous ne le savez pas non plus ?

Ariel – En 1907...? *(Un sourire revient sur ses lèvres)* Ça y est, j'ai compris... C'est pour une émission de télévision en caméra cachée, c'est ça ?

Directeur – La télévision ? Qu'est-ce que c'est que ça ?

Ariel – Et elle est où, la caméra ?

Elle se lève et fait quelques pas dans la pièce à la recherche d'une caméra.

Directeur – Mais enfin, Mademoiselle, nous sommes en octobre 1907. *(Il saisit un calendrier posé sur son bureau et lui tend.)* Comme c'est écrit sur ce calendrier.

Ariel jette un regard au calendrier, stupéfaite.

Ariel – En 1907 ? Mais ce n'est pas possible !

Directeur – Vous me semblez un peu perturbée... Vous voulez un verre d'eau ?

Ariel tente de reprendre ses esprits et regarde autour d'elle.

Ariel – Je ne comprends pas... Quand je suis arrivée ici, il y avait un tableau d'Egon Schiele sur ce mur.

Directeur – Egon Schiele ? Quelle drôle d'idée... Oui, c'est un élève à moi, en effet. Mais je n'aurais pas l'idée d'accrocher une de ses toiles dans mon bureau. Ce n'est qu'un simple étudiant. Il a à peine dix-sept ans ! Et son style n'est pas du tout... académique.

Ariel – Académique ?

Directeur – Un style décadent, si vous préférez... Hélas très en vogue aujourd'hui. Mais ça ne durera pas, croyez-moi. Schiele, comme tant d'autres hélas, subit la mauvaise influence de ce vaurien de Klimt.

Ariel – Klimt ? Gustav Klimt ? Vous le connaissez aussi ?

Directeur – Je l'ai croisé devant son atelier en arrivant ici. Il ne m'a même pas salué... Il faut dire que j'ai failli l'écraser. Mon fiacre a perdu une roue, je vous l'ai dit, et il a fini sa course sur le trottoir.

Ariel – Vous avez failli écraser Gustav Klimt ?

Directeur – Je regrette presque de ne pas l'avoir fait. Cette... sécession, c'est juste une mode. Dans quelques mois, on n'en parlera plus, vous verrez.

Ariel – Vous êtes sûr...?

Directeur – Cet Egon Schiele ne fera jamais carrière non plus, croyez-moi. Pas en tant qu'artiste peintre, en tout cas... Comme décorateur d'intérieur, peut-être... Non, tous ces jeunes artistes feraient mieux de prendre modèle sur leurs illustres aînés, comme je l'ai fait moi-même.

Ariel – Leurs aînés ? Vous voulez dire...

Directeur – Eisenmenger, par exemple...

Ariel – Qui ça ?

Directeur – August Eisenmenger ! Vous ne le connaissez pas ?

Ariel – Non...

Directeur – On le surnomme déjà le Rubens autrichien ! Vous avez entendu parler de Rubens, tout de même...?

Ariel – Bien sûr. Vous me prenez pour une idiote ?

Directeur – Bon, mais je ne sais même pas pourquoi je discute de tout ça avec vous.

Ariel – Non, moi non plus... Spéculer sur l'avenir du jeune Egon Schiele avec son vieux professeur dont je ne connais même pas le nom. C'est vrai, au fait, vous êtes qui, exactement ?

Directeur – Mais enfin, Mademoiselle, je suis Christian Griepenkerl, le Directeur de l'Académie des Beaux-Arts de Vienne !

Ariel – Et donc, nous serions en 1907...

Directeur – Vous êtes sûre que vous ne voulez pas un verre d'eau ?

Ariel – Ça va aller... Je vais finir par me réveiller, et ce cauchemar va prendre fin.

Directeur – Vous allez rester là cinq minutes, et après je vous demanderai de quitter les lieux. J'ai d'autres candidats à recevoir, vous savez...

Ariel – D'autres candidats ?

Il jette un regard sur la feuille qu'il a devant lui.

Directeur – D'ailleurs je ne vois pas votre nom sur ma liste... Je pensais que vous étiez... *(Il consulte sa liste)* Adolf Hitler.

Ariel – Adolf Hitler ?

Directeur – C'est avec lui que j'avais rendez-vous... pour statuer sur sa candidature.

Ariel – Dites-moi que tout ça n'est pas vrai...

Directeur – Il devrait arriver d'un instant à l'autre. Mais vous avez l'air surprise... Il doit avoir à peu près votre âge. Vous le connaissez ?

Ariel – Adolf Hitler...? Oui, j'en ai entendu parler.

Le Directeur prend un dossier sur le dessus d'une pile.

Directeur – Un jeune Allemand un peu illuminé qui se prend pour un génie de la peinture. J'ai son dossier là, justement... *(Il ouvre le dossier et jette un coup d'œil aux dessins qu'il contient.)* Il ne s'en sort pas trop mal pour dessiner les bâtiments... mais il n'a visiblement aucune aptitude pour le portrait. Et il n'a pas la moindre notion d'anatomie. *(Continuant à regarder les dessins)* Non, décidément, il est absolument incapable de rendre avec naturel une figure humaine. Il ferait mieux de faire de l'architecture... *(Il pousse le dossier vers elle.)* Qu'en pensez-vous ?

Ariel regarde les dessins, stupéfaite.

Ariel – C'est vraiment lui qui a dessiné ça...?

Directeur – Si ce pauvre garçon a payé quelqu'un pour faire ces dessins d'enfants à sa place, c'est qu'il est encore plus stupide qu'il en a l'air.

Ariel *(jetant un regard aux dessins)* – C'est incroyable... La peinture est encore fraîche...

Directeur – Non, cet Adolf Hitler ne passera pas non plus à la postérité, c'est évident.

Ariel – Pas en tant qu'artiste peintre, en tout cas...

Directeur – Alors vous êtes d'accord avec moi... Je ne peux pas faire autrement que de rejeter sa candidature.

Ariel *(très vivement)* – Ne faites surtout pas ça !

Directeur *(surpris)* – Pardon...?

Elle tente de reprendre son calme.

Ariel – Ils ne sont pas si mauvais que ça, ces dessins, après tout.

Directeur – Vous trouvez...?

Ariel – Je ne sais pas... Je trouve qu'il y a... quelque chose. Et pour le coup, vous ne pouvez pas dire que son style n'est pas académique.

Le Directeur regarde à nouveau les dessins.

Directeur – C'est très classique, en effet, mais... académique ne veut pas dire dépourvu de toute sensibilité. Non, décidément... C'est d'une extrême platitude... Il n'y a aucune âme dans ces dessins...

Ariel – Le trait est tout de même assez précis.

Directeur – Pour les paysages, oui. Un peu trop même. On dirait une photographie. Vous avez entendu parler de cette nouvelle invention des frères Lumière ? L'autochrome...

Ariel – L'autochrome ?

Directeur – La photographie en couleurs, si vous préférez. La photographie est une invention diabolique. Elle finira par tuer la peinture. Pourtant il n'y a aucune humanité dans ces images. N'importe quel imbécile peut appuyer sur le bouton d'un appareil photographique. Ça ne fait pas de lui un artiste peintre.

Ariel – C'est le progrès... et on ne peut pas l'arrêter.

Directeur – Vous verrez qu'un jour on inventera aussi des machines pour penser à notre place...

Ariel – Vous ne croyez pas si bien dire.

Directeur – Alors quel charme trouvez-vous à ces barbouillages ?

Ariel – C'est un peu naïf, c'est vrai... Mais il pourrait s'améliorer... Avec de bons professeurs...

Directeur – Hélas, Mademoiselle, le talent ne s'apprend pas. On peut perfectionner sa technique, bien sûr, mais si vous n'avez pas la fibre artistique... Ce qui fait le peintre ce n'est pas la dextérité. C'est le regard. Et croyez-moi, cet Adolf Hitler n'a aucune vision...

Ariel – Pourtant, il veut absolument être peintre... Et c'est parfois dangereux de contrarier une vocation...

Directeur – Dangereux ? Dangereux pour qui ?

Ariel – Il pourrait en éprouver une certaine frustration. Voire une certaine rancune...

Directeur – Rien ne l'empêchera de continuer à peindre le dimanche, pour se détendre après une semaine de travail. Il pourra accrocher ses toiles dans son salon si bon lui semble. Ou bien faire cadeau de ces croûtes à sa famille et à ses amis pour Noël ou pour un anniversaire. Mais là il s'agit d'intégrer la plus prestigieuse Académie des Beaux-Arts de l'Empire austro-hongrois. Et peut-être du monde. Je ne peux pas entretenir chez ce pauvre garçon l'illusion qu'il a le moindre avenir en tant qu'artiste peintre. Non, vraiment, ce ne serait pas lui rendre service.

Ariel – Mais ce serait rendre un inestimable service à l'Humanité toute entière, je vous assure.

Directeur – Je ne comprends pas un traître mot de ce que vous dites, Mademoiselle...

Ariel – Vous affirmez que ces dessins sont dépourvus de tout sentiment. Alors à mon tour de vous demander de faire preuve d'humanité, Monsieur Greenspan.

Directeur – Griepenkerl. Monsieur Griepenkerl.

Ariel – Un élève de plus ou de moins, qu'est-ce que cela change pour vous ?

Directeur – Le nombre d'élèves que nous pouvons accueillir dans cette Académie est limité, Mademoiselle. Cela change qu'il prendrait la place d'un autre candidat, beaucoup plus doué et méritant que lui.

Ariel – Et si je vous le demande comme une faveur personnelle...?

Directeur – Et à quel titre vous devrais-je une faveur, je vous prie ? Vous êtes sa petite amie, c'est ça ? Vous êtes venue ici pour plaider sa cause ?

Ariel – Non, je ne suis pas sa petite amie...

Le Directeur examine à nouveau le dossier.

Directeur – Regardez, il a même mis dans son dossier quelques cartes postales de sa composition. Des cartes qu'il vend dans la rue pour gagner sa maigre pitance. Et pour payer le loyer de sa chambre de bonne, dit-il. Sans doute pour m'apitoyer...

Ariel – Cela prouve au moins sa motivation... On dit que Van Gogh n'a pas vendu un seul tableau de son vivant. Hitler, au moins, il vend déjà des cartes postales...

Directeur – Van Gogh...? Je n'en ai jamais entendu parler...

Ariel – Croyez-moi, dans quelques années, on en parlera beaucoup.

Le Directeur examine un dessin en particulier.

Directeur – Non, vraiment, ce garçon n'a aucune sensibilité artistique. C'est comme si la notion même d'esthétique lui était étrangère. J'irais jusqu'à dire... qu'il y a quelque chose d'inquiétant dans cette minutie maladroite... Quelque chose de malsain. Regardez avec quelle application obsessionnelle il a dessiné le mur de cette maison bourgeoise. Je suis sûr que si on comparaît avec le modèle, on trouverait exactement le même nombre de briques. Ce type peint comme un comptable. Tout y est. Le compte est bon, mais le tableau est épouvantablement mauvais. Mais puisque vous êtes ici, montrez-moi votre dossier...

Ariel – Je ne sais pas si...

Directeur – Allons, ne soyez pas timide... Je vous l'ai dit, les femmes ne sont pas autorisées à concourir, mais je peux tout de même vous donner un avis personnel. À titre amical...

Ariel – D'accord...

Elle lui tend son carton à dessin, il l'ouvre et regarde ses œuvres. Elle guette sa réaction avec une certaine appréhension.

Directeur – Le style n'est pas très conventionnel, c'est vrai...

Ariel – Mais...?

Directeur – Il faut reconnaître que vous avez un bon coup de crayon.

Ariel – Alors vous auriez accepté ma candidature... si je n'étais pas une femme. Et une femme juive de surcroît...

Directeur – Cela ne sert à rien d'en discuter mais... allez savoir.

Ariel – Les temps changent, vous savez. Dans quelques années peut-être, les femmes seront admises à l'Académie des Beaux-Arts de Vienne.

Directeur – Et pourquoi pas leur donner le droit de vote, aussi...

Ariel – Eh oui... Pourquoi pas ?

Directeur – Mon Dieu... J'espère ne plus être là pour voir ça...

Ariel – Vous ne le serez plus, rassurez-vous.

Directeur – Ah, oui ?

Ariel – Donc vous trouvez que mes dessins sont bons ?

Directeur – Meilleurs que ceux d'Adolf Hitler, en tout cas... Si vous le souhaitez, je peux vous recommander auprès d'un professeur particulier. Il y en a d'excellents, à Vienne.

Ariel – Écoutez, Monsieur, dans l'immédiat, ce n'est pas mon destin personnel qui m'intéresse, mais celui de l'Humanité toute entière. Et j'ai de bonnes raisons de penser que vous devriez accepter la candidature du jeune Hitler.

Le Directeur semble stupéfait.

Directeur – Le destin de l'Humanité ? Vous pensez sérieusement qu'en renvoyant cet imbécile à son métier de vendeur de cartes postales, je priverai l'histoire de l'art d'un génie de la peinture ?

Ariel – Contrarier une vocation, c'est prendre une responsabilité énorme...

Directeur – Vous ne croyez pas que vous dramatisez un peu...? Des tas de candidats sont recalés chaque année... Ça n'empêche pas la Terre de tourner.

Ariel – Oui, mais lui... Si vous rejetez sa candidature... il risque de faire des conneries, je vous assure.

Directeur – Comme se suicider, vous voulez dire ? Je vous préviens, je ne cède pas au chantage.

Ariel – Non, pas se suicider, malheureusement. Enfin pas tout de suite...

Directeur – Alors pourquoi accepterais-je ce peintre du dimanche dans cette prestigieuse Académie ?

Ariel – Et si je vous disais que ce garçon, s'il ne devient pas peintre, va plonger le monde dans le chaos et entraîner la mort de près de cent millions de gens.

Directeur – Je vous dirais que, soit vous vous moquez de moi, soit vous êtes folle. Et dans les deux cas, je vous demanderais de sortir.

Ariel – Je ne me moque pas de vous, Monsieur Greenberg.

Directeur – Griepenkerl. Monsieur Griepenkerl, je vous prie. Et puis d'abord, comment pourriez-vous bien savoir ce que ce garçon va devenir s'il n'est pas accepté dans cette Académie ? Vous êtes voyante ? Vous connaissez l'avenir ? Vous vous prenez pour Nostradamus ?

Ariel hésite un instant avant de répondre.

Ariel – Je sais que c'est difficile à croire, mais... je viens d'une autre époque.

Directeur – Une autre époque ? Voyez-vous cela...

Ariel – Je suis née il y a un siècle exactement. En 2007.

Directeur – En 2007. Bien sûr.

Ariel – Qu'est-ce que je peux faire pour vous convaincre ?

Directeur – Me convaincre que vous êtes une voyageuse du temps ? Comme dans le roman fantaisiste de ce jeune écrivain anglais très à la mode aujourd'hui...

Ariel – Quel roman ?

Directeur – *La Machine à explorer le temps*, de Wells ! Vous l'avez lu, et cela vous est monté à la tête, c'est ça ?

Ariel – Je viens du futur, je vous dis ! Il est très important que vous me croyiez...

Directeur – Et donc, à votre époque, vous disposez de machines à explorer le temps ?

Ariel – Non... Ça viendra peut-être, mais non... Pas encore...

Directeur – Alors comment seriez-vous arrivée jusqu'ici ? En 1907...

Ariel – Je n'en ai aucune idée... et c'est bien cela qui m'inquiète. Car je ne sais pas non plus comment retourner d'où je viens. Et ma mère qui m'attend demain à la maison pour shabbat...

Directeur – Votre mère...

Ariel – Oui, ma mère ! Si je ne l'appelle pas dans une heure, elle va prévenir la police, c'est sûr !

Directeur *(ironique)* – La police des frontières, vous voulez dire...? Les frontières du temps...

Ariel – Vous croyez vraiment que je suis d'humeur à plaisanter ?

Directeur – Je ne sais pas, moi... Peut-être rêvez-vous.

Ariel – Oui, j'y ai bien pensé. Mais dans ce cas, vous ne seriez, vous aussi, qu'un songe... puisque vous faites partie de ce rêve.

Directeur – Vous commencez à m'embrouiller sérieusement l'esprit, Mademoiselle. Avant de vous rencontrer, tout le monde me tenait pour un homme raisonnable. Trop raisonnable même, au goût de certains de mes contemporains. Et me voilà à discuter de voyage dans le temps avec une jeune femme qui pourrait être ma petite-fille...

Ariel – Ou alors c'est vous qui rêvez, et c'est moi qui me suis invitée dans votre rêve...

Directeur – Ou bien nous rêvons tous les deux de la même chose. Et tout ceci n'est qu'une illusion.

Ariel – Comme une pièce de théâtre, en quelque sorte, dont nous serions tous les deux les acteurs.

Directeur *(sceptique)* – Une pièce de théâtre... Où allez-vous chercher tout ça ?

Ariel – Si comme le disent certains, la vie n'est qu'un songe, n'est-ce pas la définition même de l'existence ? Des milliards de gens qui partagent le même rêve, jusqu'à le prendre pour la réalité.

Directeur – Le même rêve... ou le même cauchemar.

Ariel – Reste à savoir ce que signifie notre rêve. À condition qu'il signifie la même chose pour vous et pour moi, bien sûr...

Directeur – Que voulez-vous dire ?

Ariel – En tant que jeune peintre débutante, je rêve de sauver le monde... en changeant le cours de l'Histoire. Vous, en tant que vieux peintre académique, vous rêvez de sauver l'Histoire, en tout cas l'histoire de l'art, en ne changeant surtout rien au cours du monde, et notamment à la façon de peindre.

Directeur – Je crois surtout que vous délirez... Vous devriez demander conseil à ce Docteur Freud, dont on parle tant en ce moment à Vienne... Il paraît qu'il fait des miracles avec les jeunes femmes un peu exaltées...

Ariel – Vous voulez dire les femmes hystériques, je suppose...

Directeur – Nous vivons une drôle d'époque, vous savez... La décadence règne partout, et en peinture aussi.

Ariel – C'est bien ce que je disais, vous n'êtes qu'un vieux réactionnaire... Et votre entêtement à ne rien vouloir changer risque de causer une catastrophe à l'échelle de la planète toute entière.

Directeur – Mais enfin Mademoiselle... comment ce pauvre garçon, qui n'a pas l'air d'avoir inventé l'eau chaude, pourrait-il tuer autant de gens ?

Ariel – En provoquant une guerre mondiale, tout simplement.

Directeur – Une guerre mondiale ? Ce serait bien la première.

Ariel – En fait ce sera plutôt la deuxième... La première va commencer dans 7 ans, en 1914. Et la seconde en 1939.

Directeur – C'est vrai que nous vivons une époque troublée, mais tout de même... Deux guerres mondiales en moins de trente ans... Vous exagérez un peu...

Ariel – Et dire que cet imbécile a failli se noyer quand il avait quatre ans.

Directeur – Qui ça ?

Ariel – Hitler ! Il était tombé accidentellement dans une rivière. Si un camarade qui passait par là ne l'avait pas tiré de l'eau, la question de son admission à l'Académie ne se poserait pas aujourd'hui.

Directeur – Vous auriez voulu que ce pauvre garçon se noie quand il était enfant, et maintenant vous voudriez qu'il soit admis à l'Académie alors qu'il n'a aucune des qualités requises pour cela ?

Ariel – Avouez que c'est quand même troublant.

Directeur – Quoi donc ?

Ariel – À quoi tient que l'histoire prenne une direction ou une autre ? Si votre fiacre, en perdant une roue, avait renversé Hitler qui marchait sur le trottoir pour venir ici, le problème serait réglé.

Directeur – Décidément, vous lui en voulez à ce pauvre garçon...

Ariel – Un train qui ne part pas à l'heure, et c'est un rendez-vous manqué. Une histoire d'amour avortée, peut-être. Un enfant qui ne naîtra pas. Et qui aurait peut-être eu un destin exceptionnel. Imaginez que les parents d'Albert Einstein ne se soient jamais rencontrés ?

Directeur – Albert qui ?

Ariel – Un génie qui a rompu avec l'académisme scientifique de son temps, et qui a révolutionné la physique moderne. En montrant notamment que si on dépassait la vitesse de la lumière, on remonterait dans le temps.

Directeur – Tout ceci est absurde. Si on pouvait remonter dans le temps, on pourrait changer le cours de l'histoire, et donc modifier le futur d'où vous prétendez venir. Et si, au cours de votre petit voyage dans le passé, au lieu d'écraser Hitler, vous renversiez accidentellement avec votre fiacre votre grand-père maternel alors qu'il était encore enfant. Dans ce cas, votre mère ne serait jamais née, et par conséquent vous non plus.

Ariel – Et je ne pourrais pas revenir dans le passé pour écraser mon grand-père... C'est en effet le paradoxe mis en évidence par les plus grands physiciens...

Directeur – Sans aller jusqu'à tuer votre propre grand-père, le moindre de vos faits et gestes pourrait très indirectement changer le cours de l'histoire, et c'est votre propre existence que vous pourriez remettre en cause...

Ariel – Pour éviter une guerre mondiale, je suis prête à prendre ce risque. Mais pour cela, il faudrait que vous acceptiez la candidature d'Adolf Hitler...

Directeur – Il n'en est pas question... Toutes ces élucubrations ne sont que pures folies.

Ariel – Comment puis-je vous prouver que je viens vraiment du futur ?

Ariel fait les cent pas dans le bureau. Alors qu'elle passe devant le miroir, le Directeur se rend compte qu'il ne reflète pas l'image d'Ariel.

Directeur – Mais quel est ce prodige ?

Ariel – Quoi ?

Directeur – Revenez un peu par là...

Elle se replace devant le miroir.

Ariel – Le miroir...

Directeur – Il ne reflète pas votre image !

Ariel – Comme si je n'étais qu'un simple hologramme. Ma pensée est ici mais mon corps est resté là-bas, au 21ème siècle...

Directeur – Alors vous seriez en quelque sorte coupée en deux...

Ariel – Comme ces particules qui peuvent se trouver simultanément à deux endroits à la fois... tant que personne ne les a encore observées. C'est la célèbre expérience dite du « Chat de Schrödinger », d'après le célèbre physicien qui l'a imaginée en 1935 !

Directeur – Pardon ?

Ariel – Le phénomène de superposition quantique ! Tant qu'une particule n'a pas été observée, elle peut se trouver potentiellement dans deux endroits simultanément. C'est seulement lorsque quelqu'un l'observe, vous par exemple, ou bien ma mère, qu'elle apparaît vraiment à l'un des deux endroits et qu'elle n'existe plus ailleurs.

Directeur – Mais c'est insensé... Et puis d'ailleurs, comment savez-vous tout ça ? Vous êtes physicienne ? Je pensais que vous étiez peintre...

Ariel – Je ne sais pas d'où me viennent ces connaissances sur la physique quantique... Je dormais pendant les cours de sciences au lycée. Et mes notes étaient largement en dessous de la moyenne.

Directeur – Apparemment, vous ne dormiez que d'un œil...

Ariel – En tout cas, ce miroir ne reflète pas mon image, et ça c'est un fait. Alors vous êtes convaincu, maintenant ?

Directeur – Je suis convaincu d'être devenu fou, oui. J'ai dû tomber sur la tête. Cet accident de fiacre était sans doute plus grave que je ne le pensais. Je croyais en être sorti indemne, mais je suis peut-être dans le coma...

Ariel – Quand on rêve et qu'on sait qu'on rêve, c'est qu'on ne rêve déjà plus. Quand on est fou et qu'on sait qu'on est fou c'est qu'on ne l'est plus tout à fait.

Directeur – Je crois surtout que c'est vous qui me rendez fou.

On entend soudain la sonnerie du portable d'Ariel.

Ariel – Mais...

Directeur – Qu'est-ce que c'est que ça encore ?

Ariel met la main dans sa poche et en sort son téléphone portable.

Ariel – Mon téléphone portable...

Directeur – Un téléphone portable ? Mais ce n'est pas possible...

Ariel – Ce qui est incroyable, c'est qu'il sonne... alors que j'ai fait un bond en arrière de plus d'un siècle dans le passé.

Directeur – Et qui ça peut bien être ?

Ariel regarde l'écran.

Ariel – C'est ma mère...

Directeur – Eh bien répondez !

Ariel – Allô maman... Si, si, tout va bien... J'ai une drôle de voix...? Non, non, je t'assure. Et toi, tu vas bien ? Tu n'as rien remarqué de bizarre...? Je ne sais pas, moi... Armstrong est toujours bien le premier homme à avoir posé le pied sur la Lune le 20 juillet 1969 ? Armstrong ! Non pas le trompettiste, l'astronaute ! Bon, laisse tomber... Non, je suis encore avec le directeur, là. D'ailleurs, il faut que je te laisse... C'est ça, je te rappelle tout à l'heure.

Elle repose son téléphone.

Directeur – Et donc, c'était votre mère.

Ariel – Elle s'inquiétait de savoir si mon entretien s'était bien passé, et si j'étais admise à l'Académie...

Directeur – J'en conclus que dans un siècle, les femmes seront admises à concourir.

Ariel – Mais comment est-ce que je peux parler au téléphone avec ma mère, alors que j'ai été transportée en 1907 ? C'est bizarre, non ?

Directeur – Vous trouvez que c'est tout ce qu'il y a de bizarre dans cette situation ? Marcher sur la Lune... Mais vous êtes folle !

Ariel – Oui, je commence à me demander si ce n'est pas une hypothèse à prendre en considération, en effet.

Directeur – Et puis cet appareil... Ce téléphone portable, comme vous dites... C'est insensé ! Il n'est même pas relié à un fil, et vous voudriez me faire croire qu'il vous permet de parler à votre mère ?

Ariel – Le plus étrange, c'est qu'il est toujours connecté à internet.

Directeur – Internet ?

Ariel – J'ai même accès à Google ! D'ailleurs vous allez voir... Je tape Adolf Hitler... Et voilà !

Elle lui présente l'écran de son portable. Effaré, le Directeur regarde les images qui défilent sous ses yeux.

Directeur – Quelle horreur ! Mais c'est épouvantable...

Ariel – Voilà ce que vous allez provoquer si vous rejetez la candidature d'Adolf Hitler à l'Académie des Beaux-Arts de Vienne...

Directeur – Moi ?

Ariel – Tenez, maintenant, je tape Christian...

Directeur – Christian Griepenkerl.

Ariel – Regardez ! Personne ne se souviendra de vous en tant que peintre, mais vous resterez dans l'Histoire comme celui qui a déclenché la Deuxième Guerre Mondiale.

Il jette un regard rapide à l'écran.

Directeur – Admettons un instant que je vous crois... Alors vous pouvez prévoir l'avenir ?

Ariel – Mon avenir, non. Mais pour moi, votre futur, c'est le passé.

Directeur – Je ne suis pas sûr de vouloir connaître mon propre avenir. Et encore moins la date de ma mort...

Ariel – Je comprends ça...

Directeur – Pouvez-vous me dire au moins qui sera considéré comme le plus grand artiste peintre du 20ème siècle ?

Ariel – Je dirais... Picasso, sans l'ombre d'un doute.

Directeur – Picasso ? Je ne connais pas... Et vous pouvez me montrer une de ses toiles ?

Ariel pianote sur son téléphone.

Ariel – Vous êtes vraiment sûr...?

Il acquiesce et elle lui montre l'écran. Il reste stupéfait un instant.

Directeur – Vous avez raison, ça doit être un cauchemar...

Ariel – Oui, à côté de celui Picasso, le style d'Egon Schiele semblerait presque académique...

Directeur – Et j'imagine qu'il n'y a aucun moyen pour arrêter tout ça.

Ariel – Empêcher l'arrivée du cubisme, certainement pas. Mais rendez-vous compte de la responsabilité qui pèse sur vous ! Si vous rejetez la candidature d'Adolf Hitler, il en nourrira une rancune mortifère. Il finira par fonder le parti nazi. Il prendra la tête de l'Allemagne, et il conduira le monde au chaos.

Directeur – Et si je l'autorise à intégrer l'Académie...?

Ariel – Qu'est-ce que vous risquez ? Au pire ce sera un mauvais peintre de plus... Mais un homme apaisé qui aura réalisé son rêve. Et vous aurez sauvé l'Humanité !

Directeur – Ce n'est pas si simple, il me semble... Cette histoire terrible a déjà eu lieu puisque vous la connaissez. Alors si nous changeons le passé, est-ce que nous changeons l'Histoire ou est-ce que nous ajoutons seulement une Histoire alternative. Une histoire dont rien ne dit qu'au final, elle ne sera pas pire que la première.

Ariel – Pire ? Qu'est-ce qui pourrait être pire que le Troisième Reich ?

Directeur – Je ne sais pas... Un troisième Reich qui durerait mille ans, peut-être. Combien de temps a duré celui-ci ?

Ariel – Douze ans.

Directeur – J'en conclus que cet Hitler n'a pas gagné la guerre mondiale dont vous parlez.

Ariel – Non, en effet... Il a fini par perdre. Les forces du bien ont fini par l'emporter.

Directeur – Allez savoir, si Hitler devient artiste peintre, c'est peut-être quelqu'un d'un peu plus malin que lui qui prendra le pouvoir en Allemagne pour conduire cette guerre. Et les forces du mal pourraient cette fois l'emporter...

Ariel – Je vais interroger ChatGPT là-dessus aussi...

Directeur – ChatGPT... Mais qu'est-ce que c'est que ça ?

Ariel – Une intelligence artificielle.

Directeur – Vous voulez dire que cette machine est plus intelligente que vous ?

Ariel – En tout cas, elle en sait plus que moi.

Elle tape quelque chose et regarde l'écran.

Directeur – Alors ?

Ariel – C'est la théorie des multivers. Plusieurs mondes alternatifs coexistant dans des dimensions différentes de l'univers. Une infinité peut-être. Couvrant tous les possibles...

Le Directeur semble complètement abasourdi.

Directeur – Tout ceci est absolument extravagant... Écoutez, vous m'avez l'air d'une jeune fille intelligente, mais quelque peu exaltée.

Ariel – Complètement folle, vous voulez dire ?

Directeur – En tout cas, visiblement très obsédée par sa mère... Si je peux vous donner un conseil, Mademoiselle, commencez par vous libérer de l'emprise de votre maman avant de vouloir sauver le monde. Même si ce téléphone n'a pas de fil, coupez le cordon !

Ariel – Alors vous pensez que ce serait ça ? Un rêve de toute puissance ? Je veux tuer Hitler mais en réalité, c'est de ma mère dont je veux me débarrasser ?

Directeur – Vous voulez vous allonger sur ce divan pour me raconter ça...?

Ariel – Ça pourrait durer des années, je le crains...

Directeur – Vous avez raison... Le Docteur Freud habite à quelques rues d'ici. Je peux vous donner son adresse, si vous voulez.

Ariel – D'ailleurs, si tout ceci n'est qu'un rêve... je n'habite peut-être même pas à Vienne. Et je ne suis pas artiste peintre. Pire encore... est-ce que j'existe vraiment ?

Directeur – Quoi qu'il en soit, je ne peux pas accéder à vos caprices. Ce jeune Hitler n'est pas digne d'intégrer notre prestigieuse école, un point c'est tout.

Ariel – Alors il ne me reste plus qu'à le tuer, ce sera encore plus sûr.

Directeur – Vous plaisantez...

Ariel – Vous dites qu'il va arriver d'un instant à l'autre... et il n'a aucune raison de se méfier, puisqu'il n'a encore commis aucun crime. Le problème c'est que moi non plus, je n'ai jamais tué personne. Vous pourriez m'aider ?

Directeur – Mais moi non plus, je n'ai jamais tué personne ! Je ne vais pas commencer aujourd'hui avec un candidat, si mauvais soit son dossier...

Ariel – Je n'ai pas d'arme sur moi. *(Elle regarde sur le bureau et se saisit d'un coupe-papier)* Ce coupe-papier, ça fera l'affaire. En visant la carotide... Mes cours d'anatomie vont enfin me servir à quelque chose.

Directeur – Mais vous êtes complètement malade !

Ariel – Vous ne comprenez pas ! Il s'agit de sauver la vie de cent millions d'innocents ! Dont celle de six millions de juifs éliminés dans les camps de la mort pour la seule raison d'être nés juifs !

Directeur – Sauver des innocents en en tuant d'autres à titre préventif ?

Ariel – Je n'en tuerai qu'un seul, rassurez-vous...

Directeur – J'imagine qu'un leader politique ne suffit pas à déclencher une guerre mondiale. Il lui faut aussi des complices. Vous allez les tuer tous... à titre préventif ?

Ariel – Je ne sais pas...

Directeur – Et ce dictateur, Hitler, il a pris le pouvoir par un coup d'état ?

Ariel – Après avoir été élu, hélas.

Directeur – Alors il faudrait aussi tuer tous ses électeurs... à titre préventif. Entendez-vous exterminer la moitié du peuple allemand pour éviter une guerre ?

Ariel – Je ne sais plus... Non... Je me contenterai d'éliminer Hitler, je suppose.

Directeur – Un crime reste un crime, Mademoiselle Tannenbaum. Si on se mettait à éliminer par avance tous ceux qui risquent de nuire à l'espèce humaine, on n'en finirait pas. Et puis cet eugénisme n'est-il pas précisément ce que vous prétendez combattre...?

Ariel – D'accord, mais là on ne parle pas d'une probabilité, on parle d'un avenir certain ! Je le sais, puisque j'en viens !

Directeur – Quoi qu'il en soit, je ne peux pas m'associer à un tel forfait.

Ariel semble reprendre un peu ses esprits.

Ariel – Vous avez sûrement raison... Je veux bien un verre d'eau, finalement. Et après je vous laisse, c'est promis...

Le Directeur sort. Musique dramatique. De mémoire, elle se met à griffonner fébrilement un portrait de Christian Griepenkerl et le place dans le dossier d'Hitler. La musique s'arrête. Le Directeur revient.

Directeur – Voilà votre verre d'eau.

Elle boit.

Ariel – Je vais partir, mais je vous en prie. Réexaminez une dernière fois son dossier...

Il ouvre à nouveau le dossier et voit le dessin.

Directeur – Tiens, je n'avais pas vu cette esquisse...

Ariel – Mais c'est un portrait de vous !

Directeur – Ah oui, c'est vrai. Et très bien troussé je l'avoue.

Ariel – Il témoigne d'une grande observation de la nature humaine. Il a su vous percer à jour, c'est évident. Votre génie dissimulé derrière cet air modeste. Votre charisme teinté de bienveillance...

Il semble sensible à ces flatteries, avant de se reprendre.

Directeur – Bon, maintenant, ça suffit. Vous allez devoir me laisser, Mademoiselle. J'ai salué le jeune Hitler en allant vous chercher ce verre d'eau. Il attend dans le bureau de ma secrétaire. Et après ce que vous m'avez dit de vos intentions criminelles, je préfère autant que vous ne le croisiez pas...

Ariel – J'y vais. Je ne sais pas où, mais j'y vais...

Elle sort. Le Directeur regarde à nouveau le dessin, avec un air perplexe. On frappe à la porte.

Directeur – Entrez !

Noir.

Tableau 3

Lumière.

Ariel est endormie sur une chaise. Elle se réveille, déconcertée, et examine les lieux. L'ordinateur est revenu sur le bureau. Et l'empereur François-Joseph a été remplacé par un portrait de Donald Trump, qui peut être affublé d'une petite moustache semblable à celle d'Hitler. Ariel n'a guère le temps de s'en étonner. Le même homme entre, cette fois habillé dans un style contemporain.

Directeur – Désolé de vous avoir fait attendre. J'ai crevé un pneu en venant, et je n'avais pas de roue de secours. J'ai dû prendre un Uber pour arriver jusqu'ici.

Ariel – Un Uber...? Nous ne sommes donc plus en 1907...

Directeur – En 1907 ? Quelle drôle d'idée... Pourquoi en 1907 ?

Ariel – Excusez-moi... J'ai dû faire un cauchemar. Et... vous êtes le directeur de l'Académie des Beaux-Arts, n'est-ce pas ?

Directeur – Ça a l'air de vous surprendre... Nous avions pourtant bien rendez-vous, non ? Pour examiner votre dossier de candidature...

Ariel – Bien sûr ! Non, je... Excusez-moi, j'ai très mal dormi.

Directeur – Bon, alors, voyons ça...

Ariel lui tend son carton à dessin et il l'ouvre. Il regarde les dessins un par un, sans rien dire, avec un air circonspect. Elle semble un peu inquiète.

Ariel – Je pourrais vous en montrer d'autres, bien sûr...

Directeur – Non, non, c'est... Le style n'est pas très conventionnel, évidemment, mais... vous avez un bon coup de crayon.

Ariel – Pas très conventionnel...?

Directeur – Vous savez que nous sommes revenus à un certain académisme... Et j'ai des comptes à rendre à ma hiérarchie.

Ariel – Et donc, vous qualifieriez mon style de...

Directeur – Sans parler d'art dégénéré, tout cela n'est guère conforme aux principes esthétiques et moraux de notre Académie.

Ariel – Les principes moraux ?

Directeur – Les nus ne sont plus autorisés, Mademoiselle, vous ne le saviez pas ?

Ariel – C'est encore une plaisanterie...? À moins que ce cauchemar continue...

Directeur – Un cauchemar ?

Ariel – J'ai rêvé que j'étais dans ce même bureau, en 1907, au moment où la candidature d'Adolf Hitler a été rejetée.

Directeur – Adolf qui ?

Ariel – Adolf Hitler ! Vous connaissez, tout de même.

Directeur – Non... Je devrais ?

Elle regarde autour d'elle et remarque le portrait de Donald Trump.

Ariel – Vous avez un portrait de Donald Trump dans votre bureau ?

Directeur – C'est le premier Président des États-Unis du Monde Libre. Ne me dites pas que vous l'ignorez...

Ariel – Les États Unis du Monde Libre ?

Directeur – Et l'Autriche s'enorgueillit d'en être le 74ème état.

Ariel – Alors... j'aurais vraiment changé le cours de l'histoire.

Directeur – Vous êtes sûre que vous vous sentez bien, Mademoiselle ?

Ariel – Non, à vrai dire, j'ai un peu la tête qui tourne.

Directeur – Asseyez-vous là, je vais aller vous chercher un Coca-Cola.

Ariel – Je préférerais un verre d'eau, si ça ne vous dérange pas.

Directeur – De l'eau ? Quelle drôle d'idée... Mais Mademoiselle, plus personne ne boit d'eau depuis très longtemps dans les États-Unis du Monde Libre.

Ariel – Et pourquoi cela ?

Directeur – Pourquoi ? Mademoiselle, si vous voulez avoir une chance de devenir artiste dans ce pays, « pourquoi » est une question que je vous conseille de rayer de votre vocabulaire...

Le directeur sort. Ariel s'assied, complètement anéantie. Elle consulte l'écran de son portable et pianote sur le clavier.

Ariel *(effondrée)* – Non... La deuxième guerre mondiale n'a jamais eu lieu... mais Donald Trump est le Président à vie des États-Unis du Monde Libre.

Elle continue à consulter l'écran de son portable. Le directeur revient. Ariel regarde dans sa direction. Il braque sur elle une sorte de taser.

Directeur – Désolé Mademoiselle, j'ai essayé de plaider votre cause, mais j'ai des ordres... Et nous ne pouvons pas tolérer de tels comportements déviants dans notre Académie...

Il appuie sur la gâchette. Elle s'effondre.

Noir.

Tableau 4

Lumière.

Ariel se réveille à nouveau. Elle porte toujours son bonnet cachant une chevelure rousse. Elle regarde autour d'elle. Le tableau d'Egon Schiele et l'ordinateur sont revenus à leur place. Le directeur arrive, dans la même tenue que précédemment.

Directeur – Désolé de vous avoir fait attendre. J'ai crevé un pneu en venant, et je n'avais pas de roue de secours. J'ai dû prendre un Uber pour arriver jusqu'ici.

Ariel – Je n'ose pas vous demander en quelle année nous sommes... Et si vous avez déjà entendu parler d'Adolf Hitler.

Le directeur est évidemment surpris.

Directeur – Ça va Mademoiselle ? Vous avez l'air un peu perturbée...

Ariel – Non, non, tout va bien, je vous assure...

Directeur – Donc vous êtes Mademoiselle...

Il consulte la liste sur son bureau.

Ariel – Tannenbaum... Ariel Tannenbaum...

Directeur – C'est ça.

Ariel – Vous n'avez rien contre les femmes... ou contre les juifs.

Le directeur semble à nouveau déconcerté.

Directeur – Notre seul critère de sélection est de nature artistique, rassurez-vous... Vous me montrez votre dossier...?

Ariel – Bien sûr.

Elle lui tend son carton à dessin et il regarde son contenu. Elle scrute ses réactions avec anxiété mais il reste tout d'abord impassible.

Directeur – Mais dites-moi, ces dessins sont excellents.

Ariel – Vous ne pensez donc pas que c'est de l'art dégénéré ?

Directeur – Vous avez un style très personnel, c'est vrai. Mais c'est tout à fait ce que nous attendons de nos étudiants dans cette Académie. La technique, c'est notre mission de vous l'apprendre, mais le talent ne s'enseigne pas. Nous sommes là pour accompagner des artistes, pas pour former des peintres en bâtiment.

Ariel – C'est pourquoi l'Académie a autrefois rejeté la candidature d'Adolf Hitler, j'imagine.

Le directeur affiche à nouveau son étonnement.

Directeur – Quoi qu'il en soit, je ne pense pas beaucoup m'avancer en disant que nous accepterons la vôtre.

Ariel – Tant mieux ! Car vous êtes bien placé pour le savoir, quand l'Académie des Beaux-Arts de Vienne refuse un candidat, on se demande toujours ce qu'il va faire après...

Directeur – J'en parlais justement avec un collègue du jury ce matin. Une de nos candidates, qui est déjà une excellente peintre, est par ailleurs une surdouée en mathématiques. Et si en lui ouvrant les portes de notre Académie nous privions l'Humanité du prochain Einstein...?

Ariel – Rassurez-vous, en ce qui me concerne, je suis nulle en maths...

Directeur – Nous avons une grande responsabilité, en effet. En refusant un candidat, on peut le pousser aux pires extrémités. Mais en l'acceptant on peut aussi le détourner d'un autre futur peut-être beaucoup plus enviable...

Ariel – En effet, le destin de chacun de nous est le résultat d'une série de choix.

Directeur – Nos propres choix, mais aussi les choix des autres.

Ariel – Et le destin de l'Humanité est la somme de tous ces destins individuels.

Directeur – Mais comment être certain que ce qui nous paraît aujourd'hui le bon choix n'aura pas demain des conséquences catastrophiques ?

Ariel – À l'inverse, les échecs les plus cinglants ouvrent parfois la porte à des ascensions fulgurantes...

Directeur – Si Hitler avait réussi son concours d'entrée à l'Académie, il ne serait probablement jamais devenu le pire dictateur que l'Histoire ait connu.

Ariel – Et si Donald Trump n'avait pas fait faillite dans l'industrie du jeu, il ne serait sans doute jamais devenu Président des États-Unis...

Directeur – Il n'aurait pas pris le monde pour un casino... et il n'aurait pas fait avec l'Amérique ce qu'il a fait avec Atlantic City : ruiner les commanditaires qui lui avaient fait naïvement confiance, avant de partir sans payer ses dettes.

Ariel – Mais après tout, le monde n'est-il pas un gigantesque casino ? L'Homme choisit les numéros sur lesquels il mise, mais c'est le hasard qui décide si le numéro qu'il a joué sortira ou pas.

Directeur – Alors la liberté ne serait qu'une illusion...? Le choix de s'en remettre à un hasard plutôt qu'à un autre...

Ariel – Le hasard lui-même existe-t-il vraiment ? « Dieu ne joue pas aux dés » disait Einstein.

Directeur – C'est l'hypothèse déterministe, qui exclut toute notion de libre arbitre.

Ariel – Et donc toute responsabilité et toute culpabilité.

Directeur – Même nos choix individuels seraient l'inévitable résultat de causes que nous ne maîtrisons pas.

Ariel – Je ne peux pas me résoudre à l'idée que nous ne sommes que des robots au comportement programmé à l'avance.

Directeur – Des robots néanmoins dotés d'une conscience, qui fait de nous les spectateurs de notre vie.

Ariel – En tout cas, une fois que nous avons choisi, il n'y a pas de retour en arrière possible.

Directeur – On peut toujours changer d'avis.

Ariel – Ce qui constitue un autre choix, mais qui n'annule pas le premier.

Directeur – Nous ne serions donc que des marionnettes mues par des fils invisibles et manipulées par le destin, pour jouer une inéluctable tragédie sur laquelle nous n'avons aucune prise, puisqu'au final nous n'avons qu'un seul choix.

Ariel – Sauf à voyager dans le temps.

Directeur – Voyager dans le temps ?

Ariel – Revenir dans le passé pour modifier nos décisions.

Directeur – Mais ce n'est pas possible, n'est-ce pas ?

Ariel – Non, bien sûr. Sauf en rêve...

Directeur – Vous vous intéressez donc à la philosophie, Mademoiselle ?

Ariel – Comme les religions, les philosophies se sont toujours contentées jusqu'à présent de proposer aux imbéciles des visions du monde qui soient compatibles avec leur étroitesse d'esprit.

Directeur – Contrairement à la science, les questions que pose la philosophie ne sont-elles pas destinées à rester sans réponse ?

Ariel – Si les questions que posent les philosophes sont sans réponse, c'est parce que ces questions sont mal posées. Les philosophes essaient de comprendre le monde à partir de leur propre référentiel anthropocentrique. Puisque l'homme naît et meurt, il devrait en être de même pour toute chose. L'univers devrait avoir un début et une fin. Et puisque l'Homme croit donner un sens à sa vie en se fixant des objectifs, l'univers aussi devrait avoir une finalité. Ne faudrait-il pas plutôt reconsidérer notre humanité en fonction de ce que nous commençons à entrevoir des mystères de l'univers ?

Directeur – La plupart des gens, hélas, préfèrent s'en remettre à Dieu plutôt qu'à la science. C'est beaucoup moins fatiguant...

Ariel – Un Dieu qui nous aurait créés pour être au centre de toute chose.

Directeur – Selon la Bible, Dieu aurait d'abord créé la Terre, puis quelques objets célestes autour d'elle, pour la décoration.

Ariel – Mais si nous avons l'impression d'être au centre de l'univers, c'est parce que notre myopie ne nous permet d'apercevoir qu'un faible halo autour de nous. La plus grande partie de l'univers reste inaccessible à nos yeux. Et l'univers s'étend à une telle vitesse que la lumière de ses confins ne parviendra jamais jusqu'à nous.

Directeur – « Le silence éternel de ces espaces infinis » effrayait déjà Blaise Pascal.

Ariel – Ce que nous inculque la religion, c'est l'égocentrisme et la cécité. Ce que nous enseigne la science c'est la modestie et la curiosité.

Un temps.

Directeur – Je commence à me demander si en vous acceptant dans cette Académie des Beaux-Arts, je ne vais pas priver le monde d'une grande philosophe... Celle qui révolutionnera la pensée du 21ème siècle... Je ne voudrais pas moi aussi être responsable d'une vocation contrariée...

Ariel – C'est vrai que... si on combine les phénomènes de superposition et d'intrication quantique, et qu'on les transpose à un état macroscopique, on peut esquisser une théorie de la conscience. C'est-à-dire de la permanence de ce que les philosophes ou les curés appellent pompeusement l'âme. J'existe ici parce que je suis là pour constater mon existence.

Directeur – « Je pense donc je suis », disait Descartes...

Ariel – Et à ma mort, quand les autres constateront mon absence, je me mettrai instantanément à exister sous d'autres cieux, pour d'autres yeux.

Directeur – Alors comme le chat de Schrödinger, nous serions en permanence à la fois vivant ici et mort ailleurs ? Puis inversement...

Ariel – Reste à savoir si ces deux variantes de nous-mêmes peuvent communiquer entre elles. Mais ce serait peut-être aller trop loin, n'est-ce pas...

Directeur – J'avoue que tout cela me donne le vertige... Vous êtes vraiment sûre de ne pas vouloir faire plutôt une carrière scientifique ?

Ariel – On peut aussi considérer l'art comme une façon d'interroger le monde. Et s'il n'y avait pas de vocation contrariée ? Si nous étions voués au final à jouer tous les rôles ? Si pour citer Baudelaire, nous étions tous successivement la victime et le bourreau ?

Directeur – Eh bien Mademoiselle, vous m'avez convaincu. Bienvenue dans cette Académie ! Bravo pour cet esprit indépendant et cette grande maturité.

Ariel – Merci ! C'est ma mère qui va être contente !

Le directeur semble étonné par cette dernière remarque. Il lui tend un formulaire.

Directeur – Je vous laisse remplir cette fiche signalétique, et je reviens tout de suite.

Elle prend la feuille et sort un stylo. Le directeur part. Ariel commence à remplir le formulaire. Son téléphone sonne. Elle prend l'appel avec un enthousiasme contrastant avec l'agacement dont elle avait fait montre lors des précédents appels..

Ariel – Allô maman ! Je suis tellement contente de t'avoir au téléphone ! *(On devine que sa mère est surprise par cet enthousiasme.)* Non, je t'assure, ça va très bien... Oui, ça y est, je suis admise ! Oui, moi aussi... C'est ça, je te raconterai en détail demain... Je t'embrasse. *(Elle se ravise en apercevant le calendrier posé sur le bureau.)* Maman ! Juste une petite question... On est en quelle année, exactement ? *(Elle semble étonnée par la réponse.)* Ah... Mais les Rolling Stones sont toujours le plus grand groupe de l'histoire du rock...? Non, pas les Beatles, les Rolling Stones ! Tu ne connais pas les Rolling Stones ? Bon, on parlera de tout ça vendredi...

Elle range son téléphone. Le directeur revient. Elle ôte machinalement son bonnet, découvrant une chevelure rousse. Le directeur semble interloqué.

Directeur – Je suis vraiment désolé, Mademoiselle, mais nous n'allons finalement pas retenir votre candidature.

Ariel – Et pourquoi ça ?

Directeur – Vous m'aviez caché que vous étiez rousse...

Ariel – Et alors ?

Directeur – Mais Mademoiselle... les rousses ne sont pas admises à l'Académie des Beaux-Arts de Vienne.

Ariel reste stupéfaite.

Noir.

Tableau 5

Lumière

Ariel se réveille à nouveau, et regarde autour d'elle. C'est cette fois un portrait d'elle-même qui est accroché au mur. Sur ce portrait à l'allure très martiale, elle porte une perruque rousse et un uniforme, garni de médailles. Le directeur arrive, également en uniforme, et il lui adresse un salut militaire en claquant des talons.

Directeur – Madame... Je suis à vos ordres...

Ariel – Mais... vous êtes qui ?

Directeur – Je suis votre chef d'état-major, Madame la Présidente ! Notre armée est prête. Nous n'attendons plus que votre feu vert pour envahir la Pologne.

Ariel reste d'abord interloquée, mais elle s'efforce néanmoins de faire bonne figure..

Ariel – Bien sûr... C'est-à-dire que... Il va falloir que j'en parle à ma mère, n'est-ce pas ?

Noir.

Fin

Ce texte est protégé par les lois
relatives au droit de propriété intellectuelle.
Toute contrefaçon est passible d'une condamnation
allant jusqu'à 300 000 euros et 3 ans de prison.

Mars 2025